T0020440

Ciclos de vida

El ciclo de vida de una tortuga

por Jamie Rice

Bullfrog
en español

Ideas para padres y maestros

Bullfrog Books permite a los niños practicar la lectura de textos informativos desde el nivel principiante. Las repeticiones, palabras conocidas y descripciones en las imágenes ayudan a los lectores principiantes.

Antes de leer

- Hablen acerca de las fotografías. ¿Qué representan para ellos?

- Consulten juntos el glosario de las fotografías. Lean las palabras y hablen de ellas.

Durante la lectura

- Hojeen el libro y observen las fotografías. Deje que el niño haga preguntas. Muestre las descripciones en las imágenes.

- Léale el libro al niño o deje que él o ella lo lea independientemente.

Después de leer

- Anime al niño para que piense más. Pregúntele: Las tortugas van a la tierra a poner sus huevos. Ellas viven en el agua. ¿Puedes nombrar otros animales que viven tanto en la tierra como en el agua?

Bullfrog Books are published by Jump!
5357 Penn Avenue South
Minneapolis, MN 55419
www.jumplibrary.com

Library of Congress Cataloging-in-Publication Data

Names: Rice, Jamie, author.
Title: El ciclo de vida de una tortuga por Jamie Rice
Other titles: Turtle's life cycle. Spanish
Description: Minneapolis, MN: Jump!, Inc., [2023]
Series: Ciclos de vida | Includes index.
Audience: Ages 5–8
Identifiers: LCCN 2022004523 (print)
LCCN 2022004524 (ebook)
ISBN 9781636909998 (hardcover)
ISBN 9798885240000 (paperback)
ISBN 9798885240017 (ebook)
Subjects: LCSH: Turtles—Life cycles
Juvenile literature.
Classification: LCC QL666.C5 R52718 2023 (print)
LCC QL666.C5 (ebook)
DDC 597.92156—dc23/eng/20220201

Editor: Eliza Leahy
Designer: Emma Bersie
Translator: Annette Granat

Photo Credits: Olga Popova/Shutterstock, cover (left); Anneka/Shutterstock, cover (right); Faiz Zaki/Shutterstock, 1, 22ml; Aisyaqilumaranas/Shutterstock, 3 (top); Rich Carey/Shutterstock, 3 (bottom); Alessandro Oggioni/Shutterstock, 4; Paul Roedding/Alamy, 5; Tammi Mild/iStock, 6–7, 22t, 23tr; Don Johnston/All Canada Photos/SuperStock, 8, 22mr, 23br; Michael Cochran/Alamy, 9; Brenda1964/Shutterstock, 10–11, 23bm; Gerald A. DeBoer/Shutterstock, 12–13, 22b, 23bl; meunierd/Shutterstock, 14; NaturePhoto/Shutterstock, 15; damann/Shutterstock, 16–17; A&J Visage/Alamy, 18–19, 23tl; Alon Meir/Alamy, 20–21, 23tm; snowhite/Shutterstock, 24.

Printed in the United States of America at Corporate Graphics in North Mankato, Minnesota.

Tabla de contenido

De la tierra al agua

Una tortuga está en la tierra.

Ella cava un hueco.

¿Por qué?

Es su nido.

nido

5

huevo

Ella pone huevos en el nido.

Los entierra.

Luego regresa al agua.

Algunos meses pasan.

¡Los huevos se rajan!

Sus crías salen del cascarón.

cría

Excavan para salir del nido.

¡Se arrastran al agua!

juvenil

Después de un año,
son juveniles.

Ellas comen
insectos y plantas.

Crecen mucho.

Algunas tortugas viven en lagos.

Otras viven en el océano.

Los años pasan.

¡Ahora son adultas!

Ellas nadan de regreso
a donde nacieron.

huevo

Esta cava un nido.

Ella pone huevos.

El ciclo de vida
empieza otra vez.

Las crías salen
del cascarón.

¡Se arrastran al agua!

El ciclo de vida de una tortuga

El ciclo de vida de una tortuga tiene cuatro etapas.
¡Échale un vistazo!

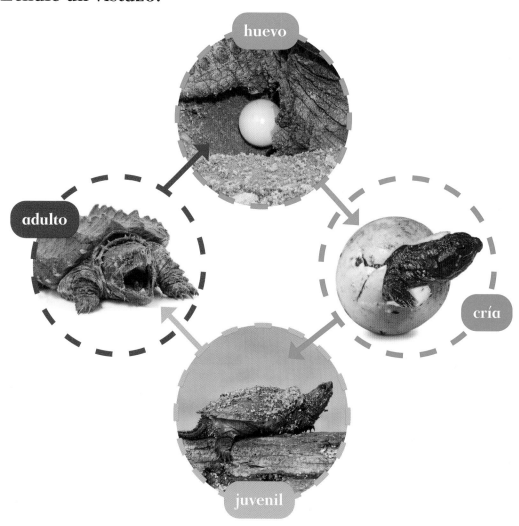

Glosario de fotografías

ciclo de vida
Los cambios que cada ser vivo atraviesa desde su nacimiento hasta su muerte.

crías
Tortugas jóvenes que han salido hace poco de sus nidos.

entierra
Esconde algo bajo tierra.

juveniles
Tortugas en la etapa de crecimiento entre la de cría y la de adulto.

se arrastran
Se mueven despacio sobre sus patas cortas.

se rajan
Se rompen o se dividen sin separarse completamente.

Índice

Para aprender más

Aprender más es tan fácil como contar de 1 a 3.

❶ Visita www.factsurfer.com

❷ Escribe "elciclodevidadeunatortuga" en la caja de búsqueda.

❸ Elige tu libro para ver una lista de sitios web.

FACT SURFER